◇ 읽다 보면 저절로 알게 되는

신비한 동의·거절 사전

글·그림 양작가

파란정원

작가의 말

우리는 일상에서 알게 모르게 수많은 동의와 거절을 해야 할 상황에 놓이게 됩니다. 그리고 때때로 상황에 이끌려 자신의 마음과 전혀 다르게 동의하거나 거절할 때도 있지요. 특히나 거절해야 할 때는 이런저런 이유를 대며 더욱 난처해하지요. 도대체 동의와 거절은 어떻게 해야 잘할 수 있는 걸까요? 또, 거절은 정말 미안한 것일까요?

《읽다 보면 저절로 알게 되는 신비한 동의·거절 사전》에서는 여러분이 많이 고민하고 있을, 혹은 고민하게 될 사람과 사람 관계에 동의와 거절을 담아 이야기해 보았습니다.

그 속에는 내 마음에 당당하고 상대방의 마음을 헤아리는 것 또한 능숙하여 동의와 거절을 능수능란하게 활용하는 친구가 있는가 하면, 그렇지 못해 사건의 중심이 되는 친구도 있습니다. 물론 이들이 동의와 거절을 배워 배려하고 존중하는 마음을 가질 수 있도록 도와주는 친구도 있지요.

책 속 친구들이 요정구슬의 부탁을 들어주기 위해 여러 상황에서 선택한 동의와 거절을 통해 성장하였듯 여러분도 상대를 존중하고, 내 감정에 솔직하게 동의와 거절을 표현할 수 있게 되었으면 합니다.

양작가

등장인물 소개

동고래
똑똑하고 논리적으로
생각하고 행동해요.

동그래
엉뚱한 발상으로
재미있는 일상을
만들어요.

셈
장난기가 많고,
친구들과
잘 어울려요.

다루
항상 여유롭고
긍정적으로
행동해요.

모미
행동은 느리지만,
섬세하고 남을 잘 도와줘요.

차례

- **episode 1** 요정구슬의 부탁 ········ 10
- **episode 2** 존중 ············· 36
  한눈에 보는 '존중'
- **episode 3** 동의 ············· 56
  한눈에 보는 '동의'
- **episode 4** 거절 ············· 112
  한눈에 보는 '거절'
- **episode 5** 선택 ············· 160
  한눈에 보는 '선택'
- **episode 6** 요정의 선물 ········ 188

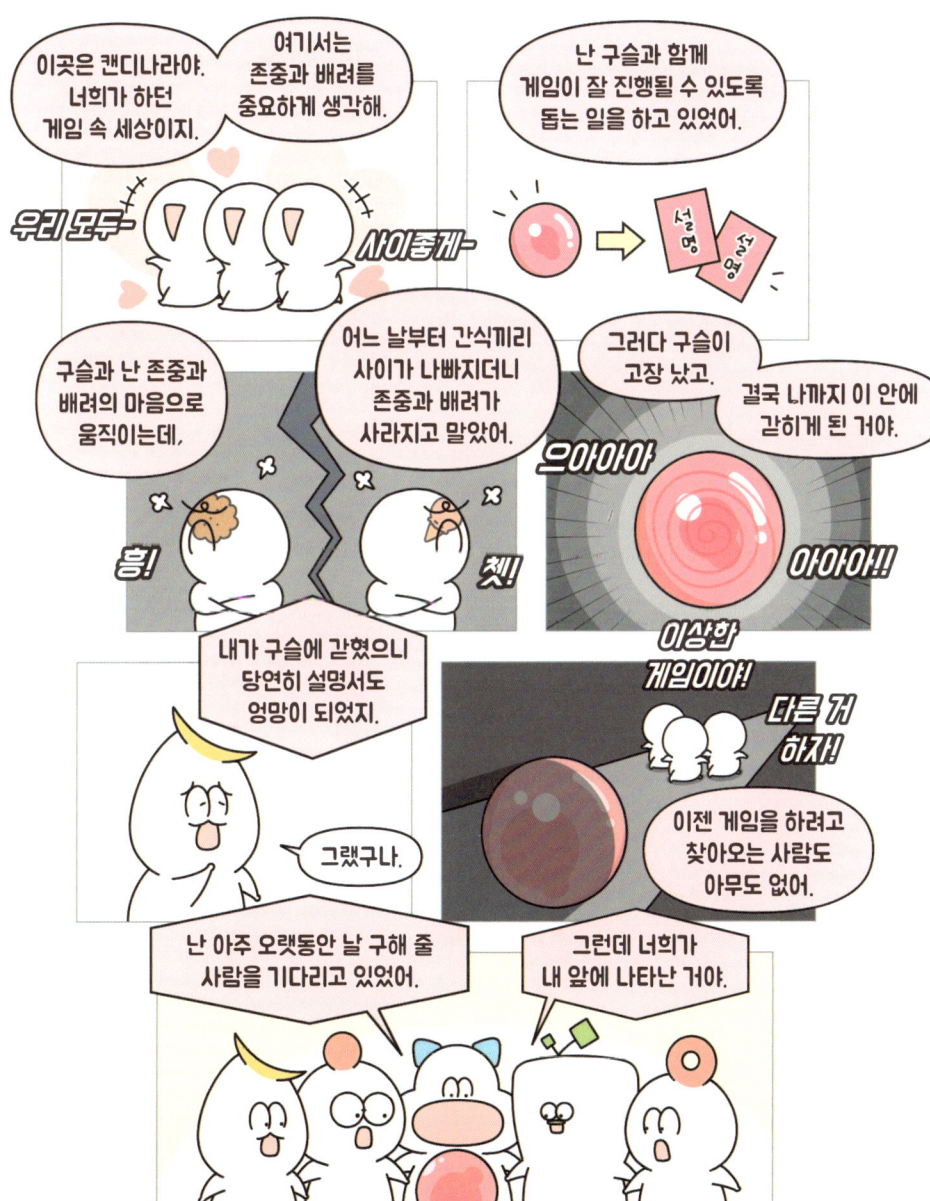

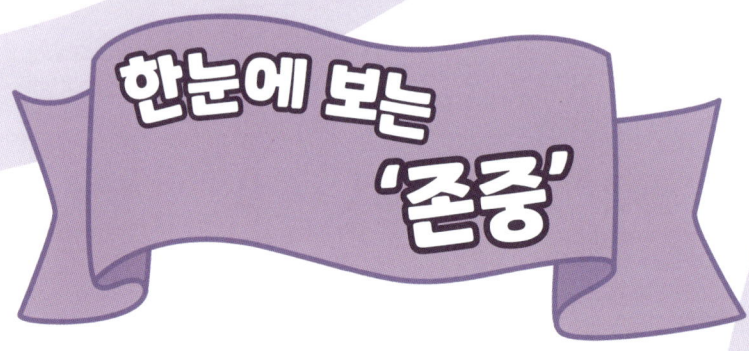

한눈에 보는 '존중'

존중이란?

상대의 의견을 귀하게 여기는 것이다.
존중과 배려는 둘 사이를 좋게 만들어 주는 마법의 열쇠로
상대의 마음을 존중하고 배려하면 사람 사이에서 생길 수 있는
갈등을 줄여 원활한 인간관계로 이끌어 준다.

존중과 배려가 없다면?

내가 이기적으로 행동하면 상대도 나를 존중해 주지 않는다.
내가 존중받고 싶다면 다른 사람이 나와 다름을 인정하고 먼저
존중과 배려를 해야 한다.

존중하는 마음은 대화를 통해 나타난다.

사소하다고 생각하여 말하지 못했던 문제도 쌓이면 큰 걸림돌이 된다. 문제가 생기거나 불편한 마음이 들 때 대화를 나누면, 서로 부족했던 점을 알게 되고 이를 보완할 수 있다. 이것은 또 다른 배려로 이어진다.

제안과 의논은 모든 문제의 해결책이다.

만약 대화 중에 상대방과 내가 의견이 다르다면, 제안하고 의논하며 해결책을 찾아갈 수 있다. 제안과 의논 없이 일방적으로 문제점만 말하는 대화는 존중과 배려가 아니라 문제를 악화시키는 화풀이일 뿐이다.

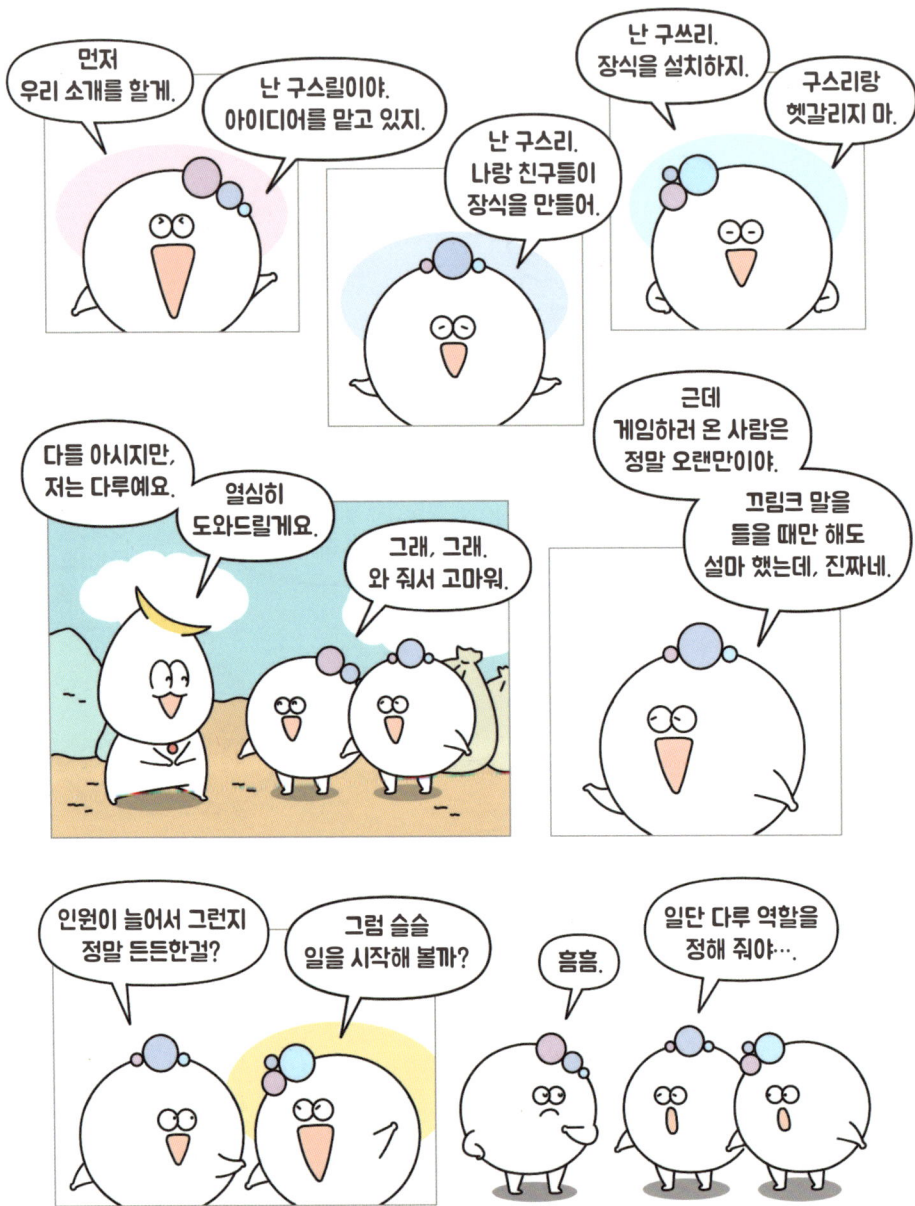

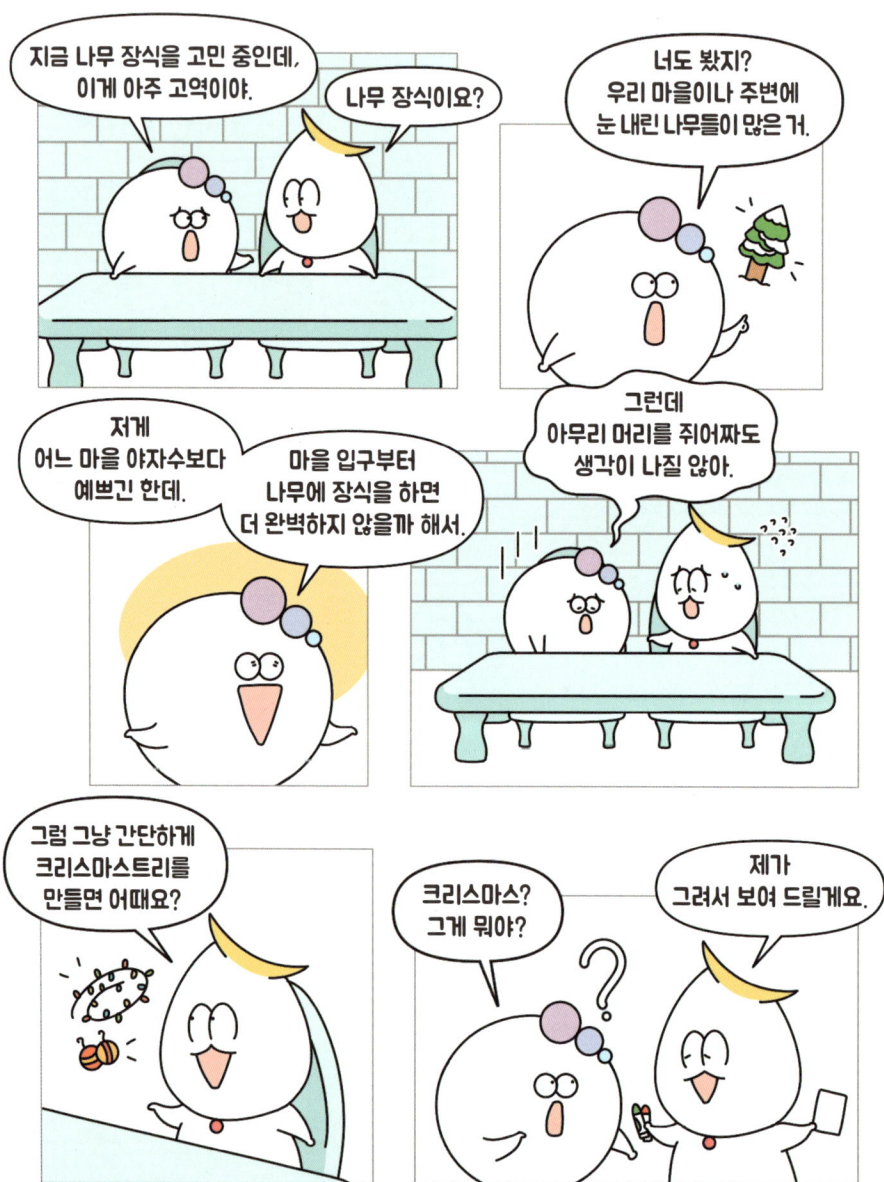

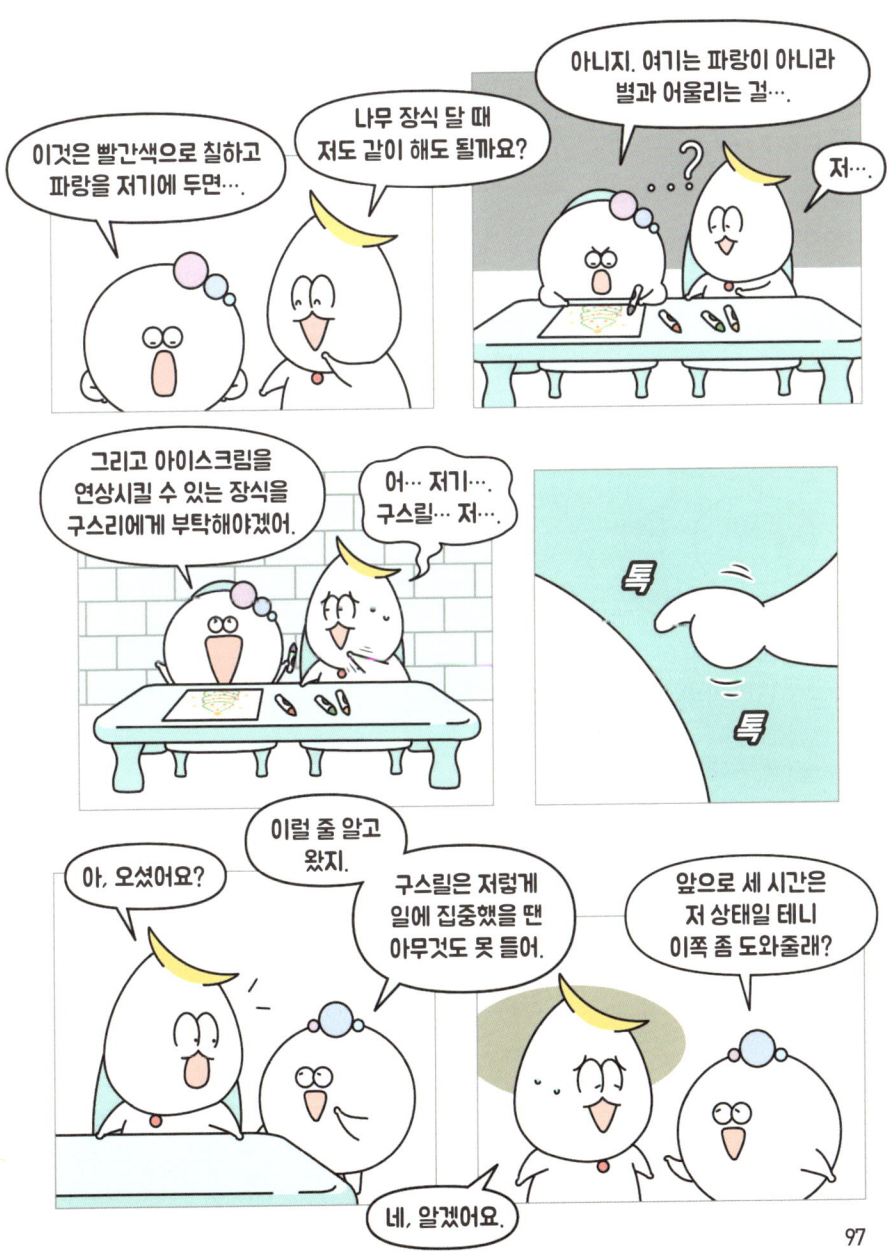

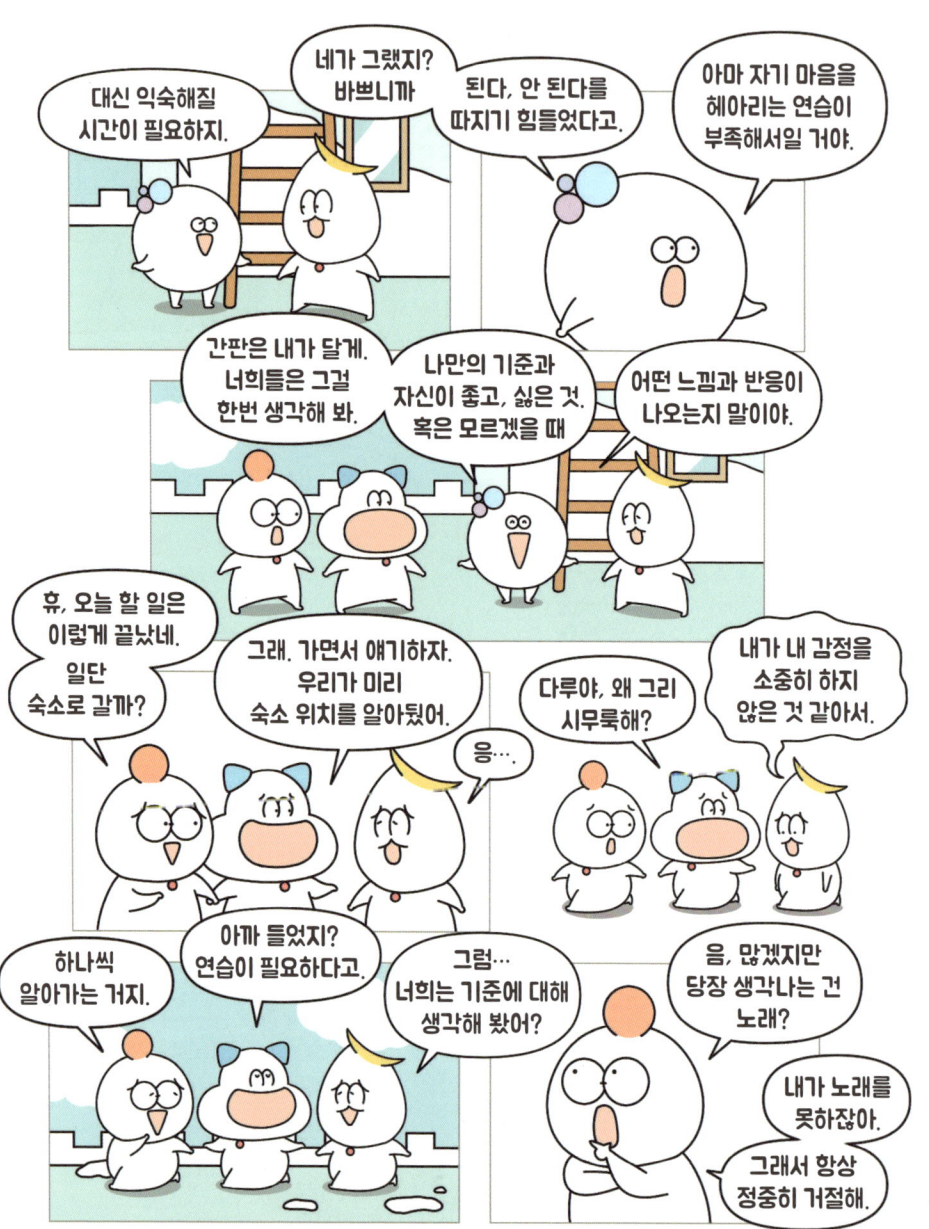

한눈에 보는 '동의'

동의란?

어떤 의견에 찬성하거나 해도 된다고 허락하는 것이다.
부모님이 제시한 하루 2시간 게임 시간에 찬성하거나 연필을 빌려 달라는 친구에게 흔쾌히 연필을 빌려주는 작은 일도 모두 동의다.

의견을 물을 땐 상대방이 오해하지 않도록 최대한 구체적으로 설명한다.

언제, 무엇을, 어떻게, 왜 등을 활용하여 자세히 질문한다.

의견을 물어본 후 상대가 결정을 내릴 때까지 강요하지 말고 충분히 기다린다.

빨리 답을 듣기 위해 재촉하다 보면 동의가 아닌 강요가 된다.

상대의 답변을 듣고 확실하게 동의했는지 확인한다.

① 긍정적인 행동을 한다면 동의
  고개를 끄덕이거나, 밝은 표정을 짓거나, 적극적으로 대답한다.

② 불편함이 보인다면 동의가 아니다
  겁먹은 표정을 짓거나, 식은땀이 나거나, 갑자기 이야기 주제를 돌린다.

어떤 답변을 듣더라도 상대의 마음을 존중한다.

나도 상대에게 동의하거나 동의를 구할 수 있다.
나의 대답이 존중받으려면 나 또한 상대를 존중해야 한다.

하지만 정해진 규칙이나 법, 안전은 자기 기분이나 마음보다 우선시 되어야 한다.

지키지 않았을 때 어떤 위험한 일이 일어날지 모르니까!

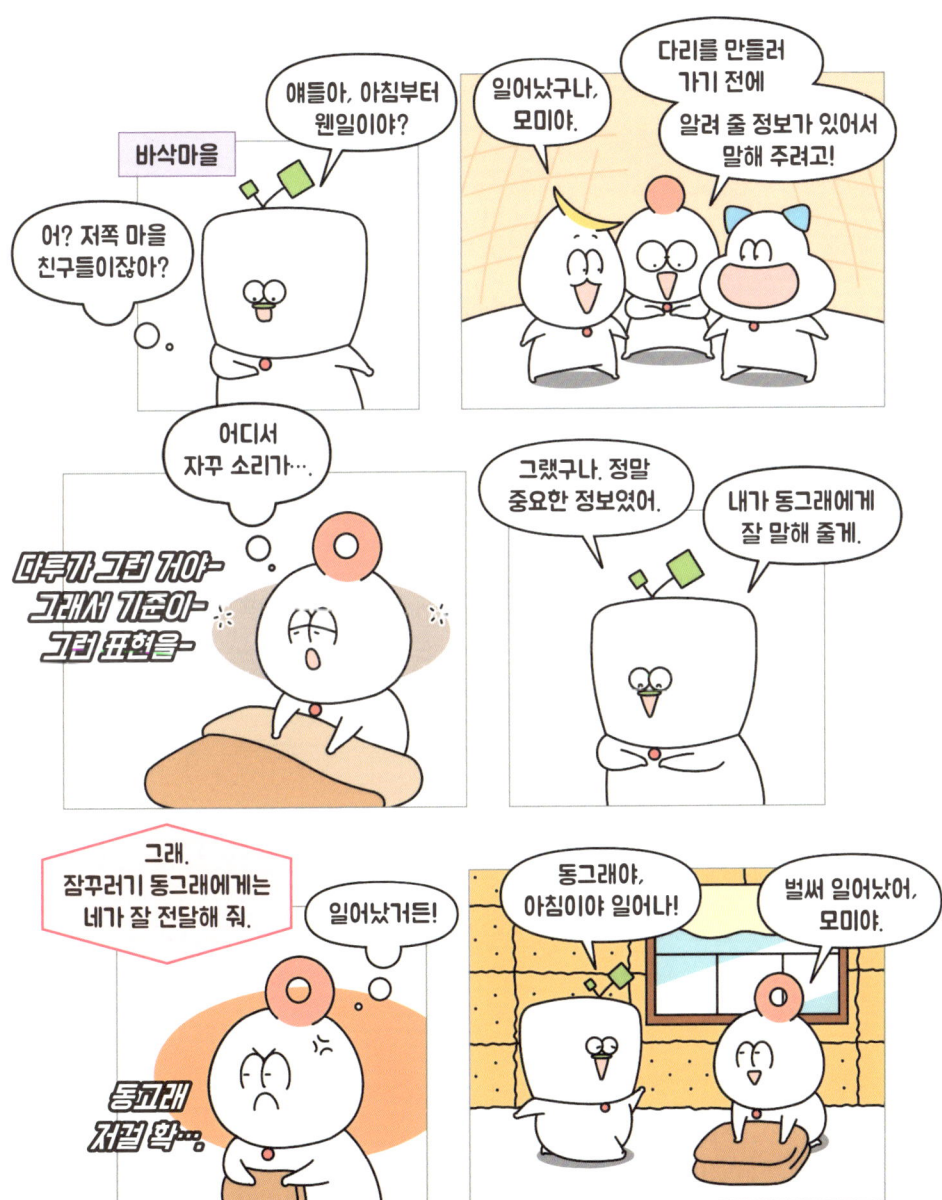

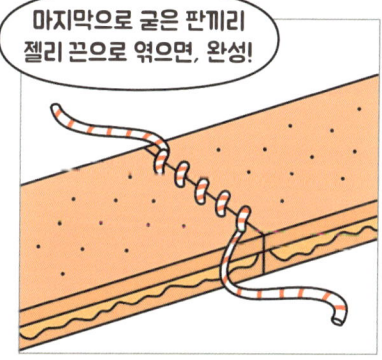

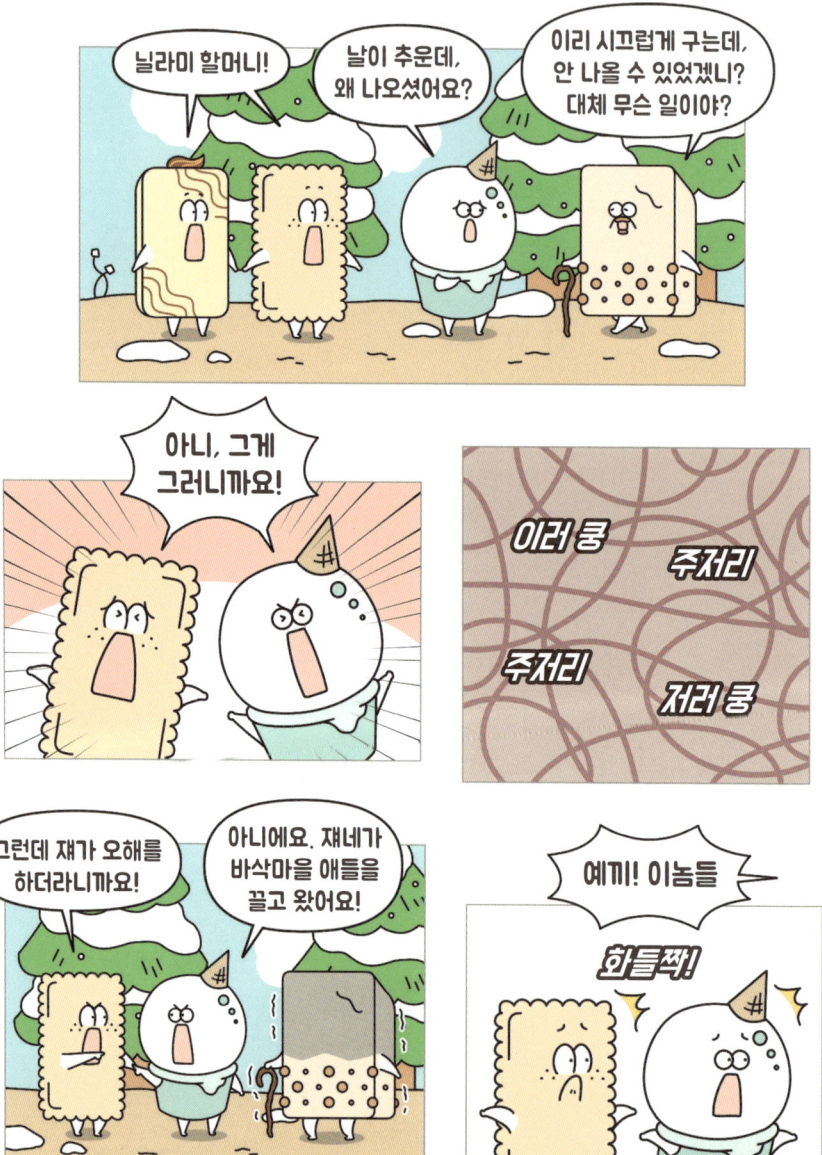

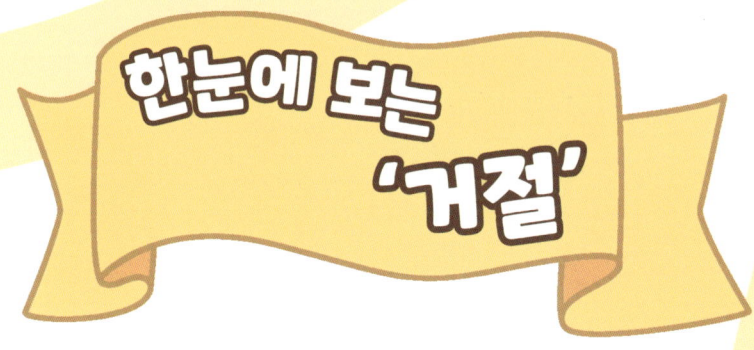
한눈에 보는 '거절'

거절이란?

다른 사람의 요구, 제안, 부탁 등을 받아들이지 않는 것이다.
성급하게 결정하기보다 반드시 충분한 생각을 거친 후에 결정한다.
또한, 호의라도 거절할 권리가 있다.

가장 중요한 건 자신의 마음을 파악하는 것이다.

좋다, 싫다, 모르겠다 등 자기 마음을 헤아리는 연습이 많이 필요하다.
또한, 오락가락 요상한 나의 감정을 이상하게 느끼지 말고
있는 그대로 받아들여 몸도 마음도 유연하게 하자.

자신이 할 수 있는 일과 하기 어려운 일을 파악하여 나만의 기준을 정한다.

상대는 나의 기준을 말하지 않으면 알 수 없다.
만약 상대가 나의 기준을 넘어 행동한다면
그것 때문에 느낀 불편한 감정을 말로 표현해야 한다.

거절은 나쁜 게 아니라 서로를 알아가는 과정일 뿐이다.

상대의 시선에 상관없이 나의 의견을 말하는 연습을 하자.
만약 상대를 배려하기 위해 계속 동의만 한다면
그것은 배려가 아니라 상대가 나를 알 기회를 빼앗는 것이다!

감정이 과열되었거나 나보다 힘 있는 사람과 대화할 때 정상적인 소통이 힘들거나 원하지 않는 동의를 강요당할 수도 있다.

이럴 땐 자기가 느끼는 불편함을 표현하고,
그럼에도 상대가 멈추지 않는다면 도움을 요청해야 한다.

가치에 맞게 교환
돈으로 계산할 때보다 친근하다.
기술은 가치를 평가하기 어렵다.

모두 다 무료로 공유
마을 관계 발전에 가장 좋다.
성급한 결정일 수 있다.

기술·자원 돈으로 계산
자원이나 기술 때문에 싸울 일이 적다.
마을 사이 개선 속도가 더딜 수 있다.

우와! 다루야, 언제 이렇게 정리한 거야?

이대로는 도저히 안 끝날 것 같아서….

장단점을 정리하니 한눈에 보기 편한걸!

한눈에 보는 '선택'

선택이란?

여러 가지 가운데서 꼭 필요한 것을 고르는 것이다.
갖고 싶고 좋아 보이는 것은 많지만, 시간, 자원, 돈은 한정적이기 때문에 원하는 모든 것을 가질 수는 없다.

먼저 자신의 현재 상황을 파악하여 어떤 것이 현명한 방향일지 생각해 본다.

모든 것을 가질 수 없으니, 지금 내 상황에서 가장 필요한 선택을 해야 한다.

다양한 면을 고려해야 한다.

돈과 자원, 만족도, 긍정적인 영향, 과거의 경험 등을 고려하여 더 나은 선택을 할 수 있도록 한다.

현명하지 않은 선택은 자원, 시간, 감정을 낭비하게 된다.

하지만 실수가 꼭 나쁜 것만은 아니다.
미래에 내가 무언가를 선택할 때 과거의 경험이 더 나은 선택을 할 수 있게 돕는다.

선택지가 너무 많아 선택이 힘들다면 각 선택지의 장단점을 글로 적어 비교해 본다.

이밖에 주변 사람에게 도움을 요청하거나 시간을 두고 차분히 생각하기 등 여러 방법으로 좋은 결과를 이끌어 낼 수 있다.

가장 중요한 것은 나의 선택에 책임지는 일이다.

위험하거나 자신을 해치는 선택은
당장 만족스러울지라도 올바른 방향이 아니다.

episode 6
요정의 선물

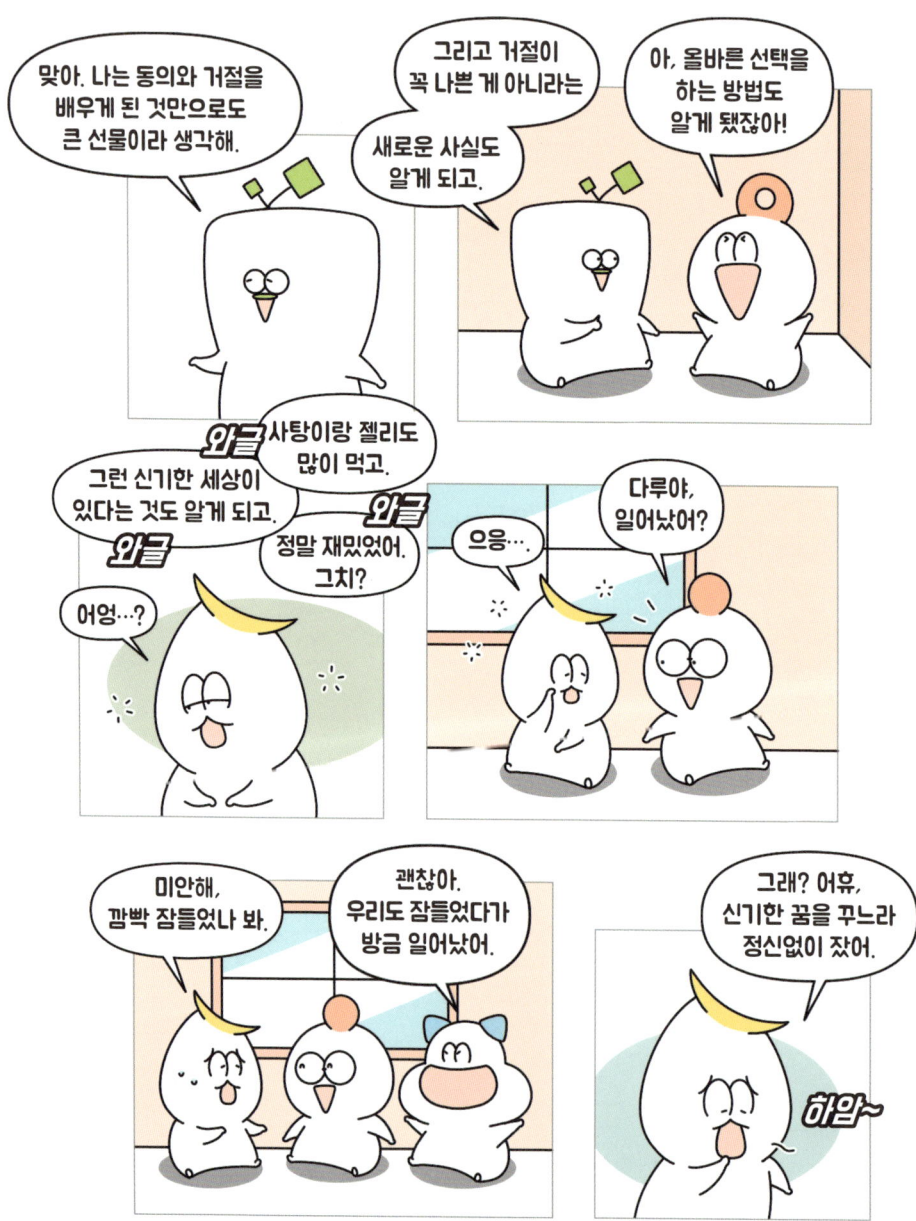

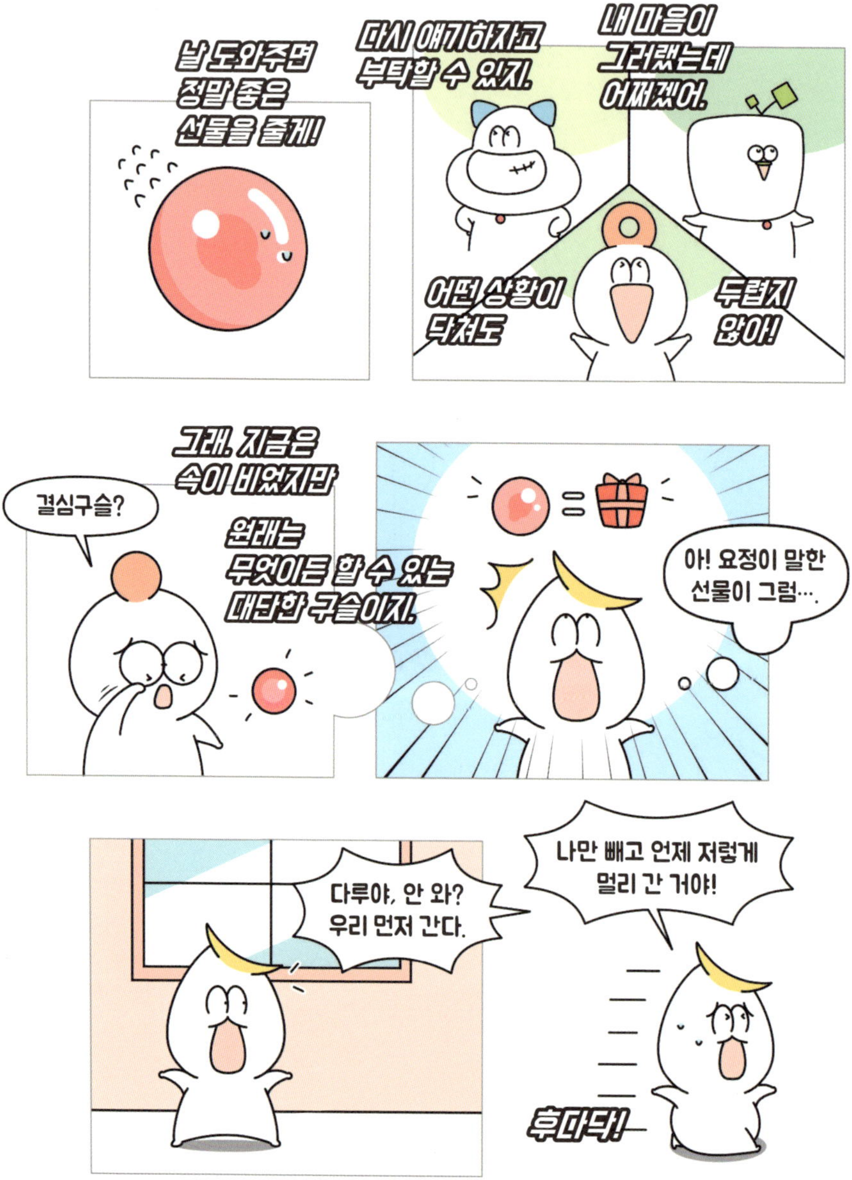

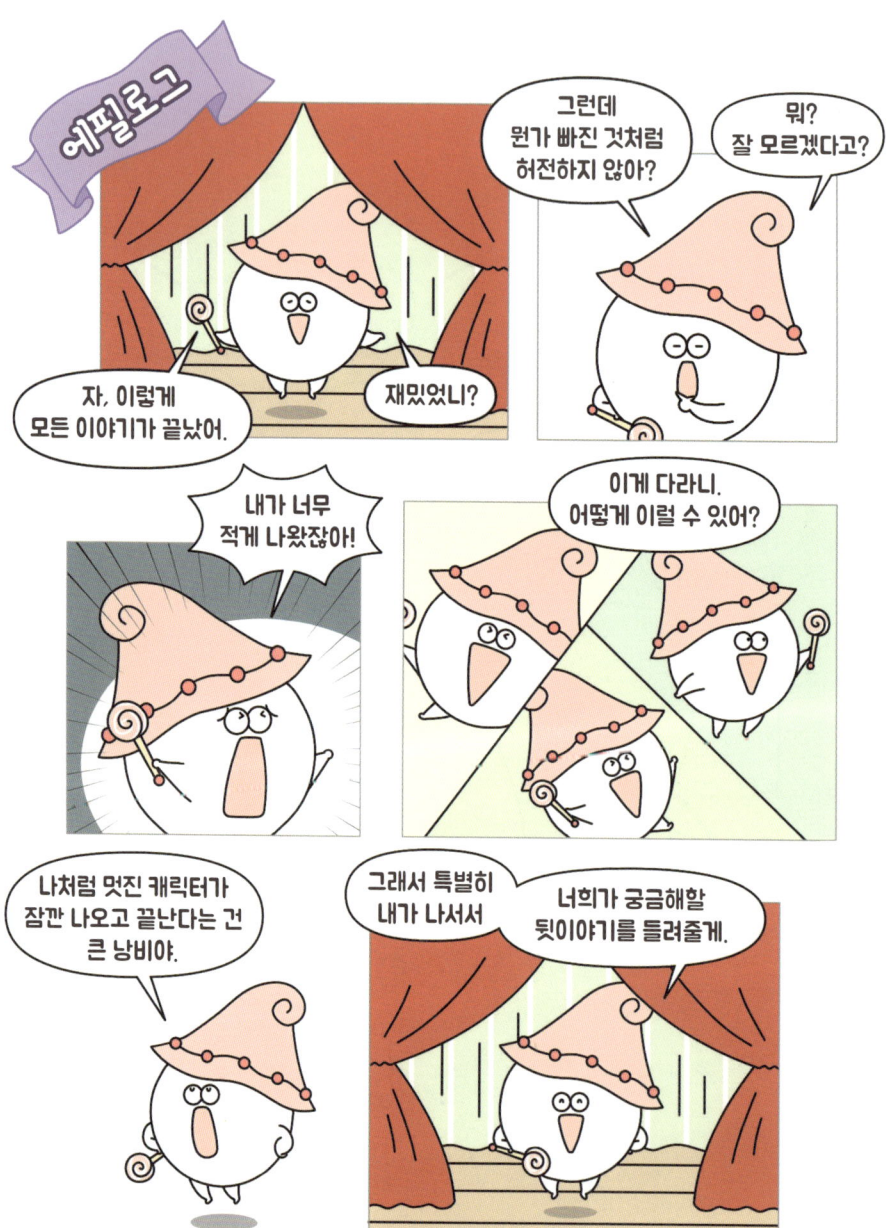

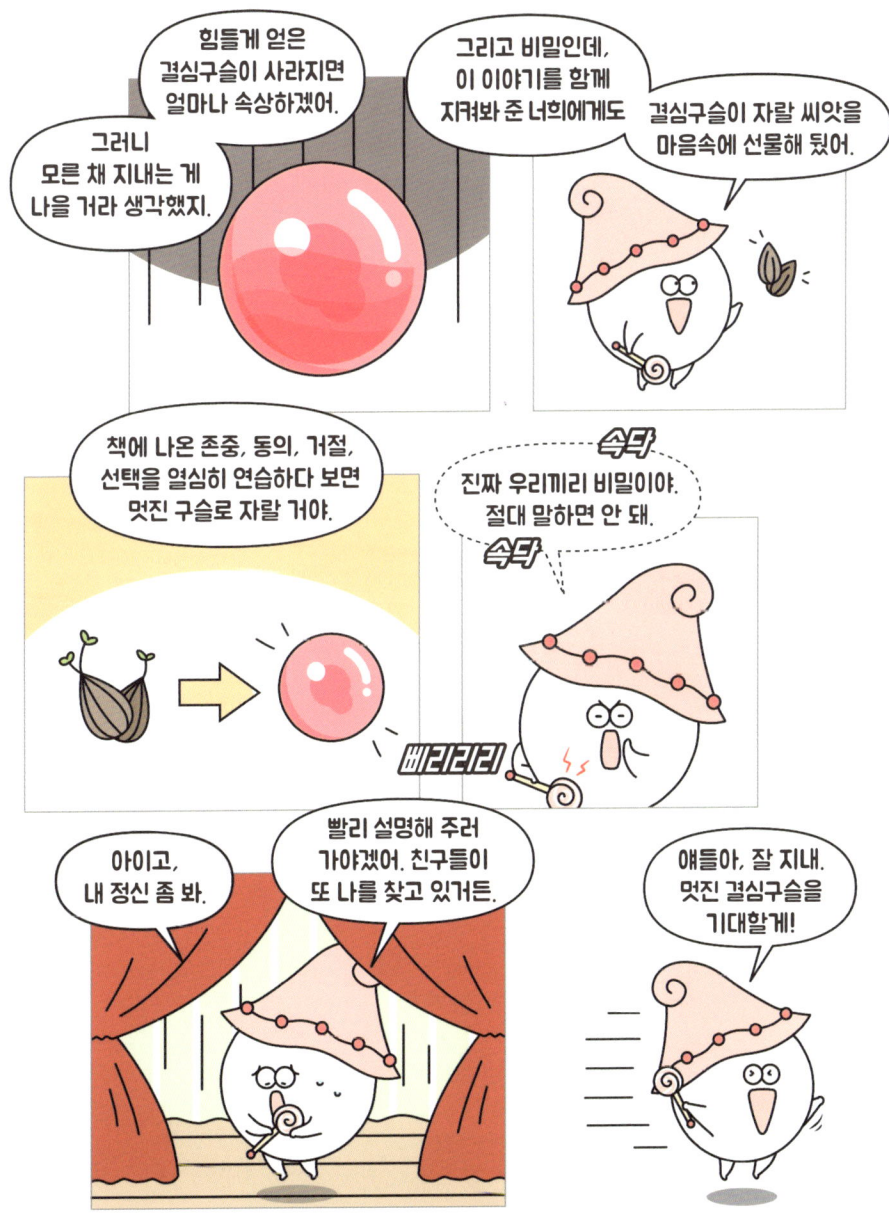

◇ 읽다 보면 저절로 알게 되는
신비한
동의·거절사전

초판 5쇄 2024년 11월 7일
초판 1쇄 2022년 2월 25일

글·그림 양작가

펴낸이 정태선
펴낸곳 파란정원(자매사 책먹는아이)
출판등록 제395-2010-000070호
주소 서울특별시 은평구 가좌로 175, 5층
전화 02-6925-1628 | **팩스** 02-723-1629
제조국 대한민국 | **사용연령** 8세 이상 어린이
홈페이지 www.bluegarden.kr | **전자우편** eatingbooks@naver.com
종이 다올페이퍼 | **인쇄** 조일문화인쇄사 | **제본** 경문제책사

글·그림ⓒ양작가 2022
ISBN 979-11-5868-228-6 73300

이 책은 저작권법에 따라 보호받는 저작물이므로 무단 전재와 무단 복제를 금지하며,
이 책 내용의 전부 또는 일부를 이용하려면 반드시 저작권자와 파란정원(자매사 책먹는아이)의 동의를 얻어야 합니다.
*잘못된 책은 구입하신 서점에서 바꿔 드립니다.

냥 작가의 글쓰기 상담소

우연히 벼락을 맞아 글쓰기 능력을 갖게 된

길냥이 냥 작가에게 배우는 신통방통한 글쓰기 비법!

글쓰기 고민,

냥 작가가 해결해 드립니다!

즐비 글 | 류수형·김준식 그림 | 초등 전학년